Wilde und Wunderbare Dinosaurier Fakten für Kinder!

Ein lustiges Dinosaurier-Fakten- und Aktivitätenbuch für Kinder von 4-10 Jahren

© Vii Figaro Publishing

Die 3 verschiedenen Dinosaurier-Zeitalter!

Das Perm – Vor 300 Millionen Jahren existierten die Dinosaurier noch nicht, sondern es gab nur Reptilien und frühe Säugetiere!

Trias – Dinosaurier erschienen zum ersten Mal, dieses Zeitalter dauerte etwa 50 Millionen Jahre.

Jura – Im Jurazeitalter begannen sich viele neue Dinosaurier zu entwickeln und sich über die ganze Erde zu verbreiten. Jedes der 3 Dinosaurierzeitalter wird in Früh-, Mittel- und Spätzeit unterteilt.

Kreidezeit – In diesem Zeitalter wurden die Dinosaurier zu den gewaltigsten Tieren der Erde, ehe sie durch ein Massenaussterben ausgelöscht wurden (am Ende des Buches erfährst du, was es war!)

Miozän – Diese Epoche begann vor 23 Millionen Jahren, und auch hier gab es keine Dinosaurier mehr auf der Erde!

Insgesamt lebten die Dinosaurier für etwa 165.000.000 Jahre auf der Erde, in einer Zeit, in der sämtliche Erdregionen zu einer einzigen Landmasse namens Pangäa verbunden waren!

Hast du gewusst, dass es nur 2 Hauptkategorien von Dinosauriern gibt?

Unsere Geschichte über die Dinosaurier beginnt im Jahr 1888 – der Brite Harry Seeley beschloss, dass man die Dinosaurier anhand ihrer Hüftstruktur in zwei Gruppen einteilen sollte. Diese beiden Gruppen nannte man <u>Saurischia</u> (Echsenhüfte) und <u>Ornithischia</u> (Vogelhüfte). Beide Gruppen können noch weiter in Untergruppen unterteilt werden, die du in diesem Buch kennenlernen wirst.

Die erste Gruppe der Dinosaurier bilden die Saurischia, das sind Dinosaurier mit Echsenhänden. Diese Kategorie wird noch weiter unterteilt in Therapoden und Sauropoden.

Zu den Therapoden gehören alle fleischfressenden Dinosaurier (Fleischfresser), aus denen sich tatsächlich Vögel entwickelt haben!

Therapoden bedeutet "Tierfuss" und sie haben sich alle auf zwei Beinen fortbewegt. Der bekannteste Therapode ist der furchterregende Tyrannosaurus Rex!

Schauen wir uns jetzt alle Therapoden an...

1 – Tyrannosaurus Rex

Der Tyrannosaurus Rex, auch unter dem Namen T-Rex bekannt, zählt zu den bekanntesten Dinosauriern, die jemals auf der Erde lebten. Hast du gewusst, dass das Wort Tyrannosaurus auf Griechisch "Tyrannenechse" bedeutet, während Rex auf Lateinisch "König" heisst?

Ein Tyrannosaurus Rex kann bis zu 12 Meter gross werden (stell dir vor, du stehst neben einem zweigeschossigen Haus!)

Der Tyrannosaurus Rex kann von anderen Dinosauriern durch seine sehr kurzen Arme und zwei Krallenfinger unterschieden werden.

Ausserdem hält dieser Dinosaurier den Rekord für den grössten Zahn eines Fleischfressers, der jemals dokumentiert wurde: Er misst etwa 30 cm! Nicht zu vergessen, dass er mit einer geschätzten Geschwindigkeit von bis zu 23 Stundenkilometern laufen konnte.

2 - Velociraptor

Der Name des Velociraptors bedeutet so viel wie "Schneller Greifer". Sie waren kleiner als der Mensch und von der Grösse her vergleichbar mit Truthähnen. Velociraptoren dürften auch Federn gehabt haben und lebten vor 73 Millionen Jahren.

Mit den sichelförmigen Klauen an ihren Hinterfüssen töteten Velociraptoren ihre Beute.

Die Velociraptoren hatten grosse Gehirne, die ihnen dabei geholfen haben, sehr agil zu sein. Sie haben ausserdem in Rudeln gejagt. Das erste bekannte Fossil wurde 1923 in der Wüste Gobi in der Mongolei gefunden.

3 – Allosaurus

Der Name des Allosaurus heisst übersetzt so viel wie "andere Eidechse". Der Allosaurus war für seinen riesigen Schädel bekannt. Er bewegte sich auf zwei Beinen und nutzte seinen langen und schweren Schwanz zum Ausbalancieren. Der Allosaurus hatte auch kurze Arme, aber anders als der T-Rex besass er drei Finger mit scharfen, gebogenen Krallen

Mit einer Durchschnittslänge von etwa 8,5 Meter und einem Gewicht von rund 2,3 Tonnen war der Allosaurus ein furchterregendes Raubtier, dessen scharfe Zähne seine Beute mühelos zerfetzten.

In Wyoming, USA, wurde ein zu 95 % vollständiges Skelett eines Allosaurus gefunden und "Big Al" genannt.

4 – Spinosaurus

Der Spinosaurus hat seinen Namen von "Wirbelsäulenechse" wegen der riesigen Stacheln, die ihm aus dem Rücken wuchsen. Die Stacheln können bis zu einem Meter lang werden.

Vor rund 100 Millionen Jahren soll Spinosaurus rund um das heutige Nordafrika gelebt haben.

Der Spinosaurus war noch grösser als der T-Rex und ist vermutlich der grösste fleischfressende Dinosaurier, der jemals gelebt hat.

Erste Fossilien des Spinosaurus wurden bereits 1910 in Ägypten entdeckt.

5 – Deinonychus

Deinonychus heisst übersetzt "Schreckliche Klaue", aufgrund der grossen und furchterregenden hakenförmigen Klaue an seinem Hinterfuss. Er gehört zur gleichen Dinosaurierfamilie wie der Velociraptor.

Um 1931 wurde im Süden Montanas das erste Deinonychus-Fossil entdeckt.

Der Deinonychus konnte bis zu drei Meter lang werden und wog bis zu 73 kg. Durch seine 60 Zähne hatte dieser Dinosaurier eine ähnliche Beisskraft wie ein Alligator.

Studien über den Deinonychus haben Experten geholfen, die Theorie aufzustellen, dass sich Vögel aus Dinosauriern entwickelt haben.

6 – Carnotaurus

Der Name Carnotaurus bedeutet so viel wie "fleischfressender Stier". Dieser Dinosaurier war ein Fleischfresser mit besonderen Augen, die nach vorne gerichtet waren, und Hörnern über den Augen, die Stierhörnern ähnelten.

Abgesehen von seinen Augen und Hörnern hatte der Carntaurus auch kleine Arme und Finger, die er nicht bewegen konnte.

Es wird vermutet, dass dieser Dinosaurier in einem Gebiet Südamerikas namens Patagonien gelebt hat; Fossilien wurden 1985 von Jose Bonaparte gefunden.

Laut Schätzungen war der Carnataurus etwa 8 Meter lang und wog bis zu 2000 kg!

Sauropods

Auf der anderen Seite waren Sauropoden pflanzenfressende Dinosaurier (Pflanzenfresser), die sich allesamt auf vier Beinen fortbewegten. Der bekannteste Sauropode ist der Brachiosaurus!

Schauen wir uns jetzt einige von ihnen an!

7 – Apatosaurus

Bekannt für seinen langen peitschenartigen Schwanz, mit dem er seinen langen Hals ausbalancierte, gilt der Apatosaurus als eines der grössten Lebewesen, die jemals auf der Erde gelebt haben!

Man nimmt an, dass er etwa 30 Meter lang war und bis zu 2300 kg wog! Auch wenn dieser Dinosaurier aufgrund seiner Grösse beängstigend wirkte, war der Apatosaurus nur dafür bekannt, Pflanzen zu fressen.

Der Name Apatosaurus bedeutet auf Deutsch "Täuschende Eidechse". 1877 erhielt dieser Dinosaurier jedoch einen neuen Namen, Brontosaurus, nachdem Othniel Charles Marsh einen größeren Knochen entdeckt hatte, von dem er glaubte, dass er zu einer anderen Dinosaurierart gehörte.

8 – Diplodocus

Der Name Diplodocus heisst in der griechischen Sprache so viel wie "Doppelbalken". Dieser Dinosaurier hat seinen Namen aufgrund der ungewöhnlich geformten Knochen an seinem Schwanz erhalten. Diplodocus nutzte seinen Schwanz auch als Waffe gegen Angreifer.

Der Diplodocus lebte vor etwa 150 Millionen Jahren im Westen Nordamerikas.

Der Diplodocus ist einer der populärsten Dinosaurier, der immer wieder in Filmen und in Museen zu sehen ist. Dank der vielen Fossilien, die man entdeckt hat, konnte der Diplodocus viel leichter erforscht werden als die anderen Dinosaurierarten.

Ebenso wie der Apatosaurus ernährte sich auch der Diplodocus von Bäumen, Sträuchern, Farnen und anderen Pflanzen.

9 – Brachiosaurus

Der Name Brachiosaurus stammt aus dem Griechischen und bedeutet "Arm" und "Eidechse", da seine Vorderbeine länger waren als die Hinterbeine!

Es wird angenommen, dass dieser Dinosaurier in Nordamerika lebte, und sein erstes Fossil wurde 1900 im Colorado River in den Vereinigten Staaten entdeckt.

Verglichen mit anderen Sauropoden hatte der Brachiosaurus einen besonders langen Hals, einen kleinen Kopf und einen kleineren Schwanz. Doch genau wie die anderen Sauropoden war auch der Brachiosaurus ein Pflanzenfresser.

Mit seinen kegelförmigen Zähnen verzehrte er schätzungsweise 200 bis 400 Kilogramm Pflanzen pro Tag.

Vogelartige Dinosaurier!

Die zweite allgemeine Gruppe der Dinosaurier, die Harry Seeley klassifiziert hat, sind die Vogeldinosaurier oder Ornithischia. Diese Gruppe wird weiter in Thyreophora und Cerapods unterteilt.

Das Wort Thyreophora bedeutet einfach "schildtragend", und diese Saurier lebten während der Jurazeit und der späten Kreidezeit. Sie waren Pflanzenfresser, und der bekannteste von ihnen ist der Stegosaurus!

10 – Stegosaurus

Der Stegosaurus hat seinen Namen von den griechischen Begriffen "Dach" und "Eidechse". Das verdankt er seiner charakteristischen Eigenschaft, Reihen von einzigartigen Knochen aus Platten und Stacheln entlang seines Rückens und Schwanzes zu besitzen.

Man nimmt an, dass der Stegosaurus in Nordamerika und Europa gelebt hat, wobei die jüngsten Fossilienfunde in Portugal entdeckt wurden.

Obwohl der Stegosaurus mit einer Länge von bis zu 9 Meter, einer Höhe von 4 Meter und einem Gewicht von 2 Tonnen (das entspricht etwa dem Gewicht eines durchschnittlichen Autos) sehr gross war, war sein Gehirn nur so gross wie das eines Hundes! Aufgrund seiner Beinstruktur erreichte der Stegosaurus vermutlich eine Höchstgeschwindigkeit von bis zu 15 km/h. Der Stegosaurus soll in Herden gelebt haben, wobei die älteren Dinosaurier dabei halfen, die jüngeren zu beschützen.

11 – Ankylosaurus

Der Name Ankylosaurus lautet übersetzt "zusammengewachsene Echse". Der Ankylosaurus hatte einen riesigen Körperpanzer, um sich zu schützen, und verfügte ausserdem über eine starke Schwanzkeule, mit der er leicht Knochen brechen konnte. Aufgrund dieser Eigenschaften wurde Ankylosaurus von Paläontologen als lebendiger Panzer bezeichnet.

Der Ankylosaurus frass Pflanzen mithilfe seiner schmalen blattähnlichen Zähne. Außerdem besass er einen ausgeprägten Geruchssinn.

Die Länge des Ankylosaurus wurde auf etwa 9 Meter geschätzt und er wog etwa 6,5 Tonnen.

Dieser Dinosaurier ist einer der letzten Dinosaurier, die vor dem letzten Aussterbeereignis übrig geblieben sind.

Hast du gewusst, dass Krokodile und Gürteltiere einen ähnlichen Körperpanzer wie der Ankylosaurus haben?

Cerapods

Es gab sowohl gehörnte Dinosaurier (Ceratopsian) wie den Triceratops als auch vogelfüßige Arten wie den Iguanodon!

Diese Dinosaurier lebten während der mittleren und späten Trias, vor etwa 240 Millionen Jahren!

Schau auf der ersten Seite nach, um mehr über die verschiedenen Dinosaurierzeitalter in der Geschichte zu erfahren!

12 – Triceratops

Der Triceratops hat seinen Namen von den griechischen Wörtern "tri", was "drei" bedeutet, und "keratops", was "gehörntes Gesicht" heißt. Der Grund dafür ist, dass er drei Hörner im Gesicht trug, zusammen mit seinem großen Körper und einem knochigen Kragen um seinen Kopf.

Seine Hörner boten Schutz vor dem Tyrannosaurus Rex, der in der gleichen Zeit wie der Triceratops lebte.

Der Kopf eines Triceratops konnte bis zu 3 Meter lang werden. Ein ausgewachsener Triceratops war etwa 9 Meter lang und 4 Meter hoch.

Dieser Dinosaurier ernährte sich ausschliesslich von Pflanzen. Obwohl er bis zu 800 Zähne hatte, benutzte der Triceratops immer nur einen kleinen Teil seiner Zähne gleichzeitig.

13 – Iguanodon

Der Name des Iguanodon lautet übersetzt "Leguanzahn". Charakteristisch für diesen Dinosaurier sind sein schmaler Kopf und sein langer Schwanz.

Er hatte auch einen langen, kleinen Finger und stachelige Daumen, die beim Sammeln von Nahrung hilfreich waren.

Man nimmt an, dass der Iguanodon etwa 5 Tonnen schwer war und eine Länge von 10 Meter hatte. Ausserdem erreichte er eine Geschwindigkeit von ca. 15 km/h.

Entdeckt wurde der Iguanodon erstmals 1822 von Gideon Mantell. Das grosse Fossil des Iguanodon wurde in einer belgischen Kohlenmine gefunden, in der 35 Skelette ausgegraben wurden, was den Wissenschaftlern ungemein half.

Hast du gewusst, dass Gideon Mantell dieser Art den Namen Iguanodon gegeben hat, weil die Zähne des Dinosauriers, den er fand, denen der heutigen Leguane ähnelten?

14 – Parasaurolophus

Der Name Parasaurolophus übersetzt sich mit "Haubenechse". Die Wissenschaftler glauben, dass dieser Dinosaurier einen ungewöhnlichen Kamm auf dem Kopf hatte, mit dem er einen Trompetenton von sich gab, der seine Hörfähigkeit steigerte und bei der Regulierung der Körpertemperatur half.

Er konnte ausserdem entweder zwei oder alle vier Beine zum Laufen benutzen.

Die Nahrungsgrundlage von Parasaurolophus waren Pflanzen. Er nutzte seine starken Hinterbeine, um höhere Äste zu erreichen. Man nimmt an, dass der Parasaurolophus vor etwa 75 Millionen Jahren in Nordamerika gelebt hat.

Man hat seine Fossilien in Kanada, Utah und New Mexico, USA, gefunden.

Dinosaurier-Eier und Fossilien!

Hast du gewusst, dass Dinosaurierfossilien sehr wichtig sind, da sie den Wissenschaftlern dabei helfen, zu verstehen, wie die Dinosaurier lebten?

In China wurden versteinerte Eier mit einer Länge von 60 cm und einer Breite von 20 cm gefunden. Diese Eier gehören zu den größten versteinerten Eiern, die je entdeckt wurden!

Gegenwärtig sind bereits 1000 verschiedene Arten von Dinosauriern bekannt. Doch es werden immer wieder neue Fossilien entdeckt, und die Liste wird immer länger.

Erstaunliche Dinosaurier-Fakten!

Der kleinste jemals entdeckte Dinosaurier war der Microraptor; seine Grösse war vergleichbar mit der einer Maus.

Hast du gewusst, dass Pterodactylus nicht zu den Dinosauriern gezählt wird? Genau! Stattdessen werden sie als Reptilien eingestuft, weil sie fliegen konnten und weil ihre Vorderbeine seitlich ausgestreckt werden konnten.

Die Vögel sind Nachfahren einer Dinosaurier-Untergruppe, die als Theropoden bekannt ist, und KEINE vogelähnlichen Dinosaurier, wie du vielleicht denkst!

Das Wort Dinosaurier kommt von den griechischen Wörtern "Deinos", was "schrecklich" bedeutet, und "Sauros", was "Echse" heisst.

Die Dinosaurier lebten nicht nur an Land, sondern auch im Meer und am Himmel! Vom Äquator bis zu den Polarregionen!

Die Ursache für das Aussterben der Dinosaurier soll ein Asteroid gewesen sein, der vor mehr als sechzig Millionen Jahren auf der Erde einschlug. Dieser Einschlag war so stark, dass Staubwolken die Sonne blockierten und die Erde extrem kalt wurde, mit jährlichen Temperaturen unter dem Gefrierpunkt (null Grad Celsius)!

Dinosaurier-Quiz!

Frage 1: Welcher Dino sah Leguanen ähnlich?

Frage 2: Welcher war der kleinste Dinosaurier?

Frage 3: Was hat der Ankylosaurus gefressen?

Frage 4: Was war an dem Brachiosaurus aussergewöhnlich?

Teste Dein Wissen!

Frage 5: Wie heißt das Allosaurus-Fossil, das in Wyoming gefunden wurde?

Frage 6: Welcher Brite ordnete die Dinosaurier ein?

Frage 7: Was charakterisiert den Tyrannosaurus-Rex?

Frage 8: Durch welches Ereignis kam es zu dem Massenaussterben der Dinosaurier?

Frage 9: Wo hat der Carnotaurus gelebt?

Frage 10: Wie viele Zähne hatte der Deinonychus?

Frage 11: Welche Klasse von Dinosaurier ist echsenartig?

Frage 12: Hatte der Velociraptor Federn oder einen Körperpanzer?

Frage 13: Bei welchem Dinosaurier wog das Gehirn 2 Tonnen und war so gross wie das eines Hundes?

Antworten!

1) Iguanadon
2) Der Mikroraptor
3) Pflanzen
4) Seine Vorderbeine waren länger als seine Hinterbeine!
5) Der große Al
6) Harry Seeley
7) Kurze Arme und große Zähne!
8) Ein Asteroid, der auf der Erde einschlug
9) Patagonien, Südamerika
10) 60
11) Saurischia
12) Federn, die nicht in Filmen gezeigt wurden.
13) Der Stegosaurus

Falls es dir und deinen Kindern gefallen hat, dieses interessante und informative Buch voller Fakten und Wissenswertes zu lesen, hinterlasse uns bitte eine 5* Rezension auf Amazon!

Wir wissen die "Sterne" sehr zu schätzen - sie helfen unserem kleinen familiengeführten Verlag mehr, als du dir vorstellen kannst!

www.ingramcontent.com/pod-product-compliance
Lightning Source LLC
Chambersburg PA
CBHW050747110526
44590CB00003B/98